GUSTAVE FLAUBERT

LA LÉGENDE

DE

SAINT JULIEN L'HOSPITALIER

ILLUSTRÉE DE VINGT-SIX COMPOSITIONS

PAR

LUC-OLIVIER MERSON

PARIS

LIBRAIRIE DES AMATEURS

A. FERROUD, LIBRAIRE-ÉDITEUR

127, BOULEVARD SAINT-GERMAIN, 127

1895

LA LÉGENDE

DE

SAINT JULIEN L'HOSPITALIER

JUSTIFICATION DU TIRAGE

Nos   1 à 200. — Exemplaires sur papier du Japon ou grand vélin d'Arches.

Nos 201 à 250. — Exemplaires sur grand papier vélin d'Arches.

Nos 251 à 500. — Exemplaires sur papier vélin d'Arches.

N° Exemplaire réservé pour le Dépôt légal

GUSTAVE FLAUBERT

LA LÉGENDE

DE

SAINT JULIEN L'HOSPITALIER

ILLUSTRÉE DE VINGT-SIX COMPOSITIONS PAR

LUC-OLIVIER MERSON

GRAVÉES A L'EAU-FORTE PAR

GÉRY-BICHARD

PRÉFACE PAR MARCEL SCHWOB

PARIS

LIBRAIRIE DES AMATEURS

A. FERROUD, LIBRAIRE-ÉDITEUR

127, BOULEVARD SAINT-GERMAIN, 127

1895

PRÉFACE

I

LA LÉGENDE
D'APRÈS LA TRADITION RELIGIEUSE ÉCRITE

On ne connaît ni le pays de Julien ni le temps où il vivait. Jacques de Voragine fixe sa fête au 27 janvier, tandis que d'ordinaire on la célèbre le 29 ; mais en Italie, en Sicile et en Belgique, elle tombe le 12 février, près de Barcelone le 28 août.

Ferrarius, dans le catalogue des saints d'Italie, affirme qu'on honore saint Julien dans le diocèse d'Aquilée, en Istrie ; Domeneccus, dans

l'*Histoire des Saints de Catalogne,* cite la vé-
nération qu'on a pour lui au bourg de Del Fou,
qui fait partie du diocèse de Barcelone; en
Belgique, les hôpitaux étaient placés sous son
invocation, et on l'adorait pareillement à la
bonne *Landgraefin* Sainte-Élisabeth; enfin on
a imaginé qu'il aurait pu vivre chez les
Carnes, en Vénétie, parce que les fleuves y
sont tumultueux et dangereux au passage.

Maurolycus rapporte qu'on le représentait
en Sicile sous les vêtements et l'attirail d'un
chasseur; tandis qu'en Belgique les peintres
en faisaient un chevalier ou un seigneur, avec
une petite barque à la main et un cerf à son
côté; on trouve enfin son histoire, « telle à
peu près » que l'écrivit Flaubert, sur un vitrail
de la cathédrale de Rouen.

La vie de Julien a été recueillie dans la Légende Dorée, par Jacques de Voragine, évêque
de Gênes (mort en 1298), et c'est le même texte,
sauf d'insignifiantes variations, qu'on pouvait
lire dans Saint-Antonin et dans le *Speculum
historiale* de Vincent de Beauvais (mort vers
1264). Nous n'avons pas d'autres documents

sur saint Julien ; et la diversité de ses insignes et de ses fêtes ne permet pas de conjectures sur sa patrie, sur le siècle où il vécut, sur la noblesse de sa race. La tradition religieuse, pour lui, est brève et obscure.

Voici la légende, telle qu'on la trouve dans Saint-Antonin :

Vie de saint Julien l'hospitalier
tirée de Saint-Antonin [1]

« Un jour que Julien allait à la chasse, étant jeune homme et noble, il rencontra un cerf et se mit à le poursuivre.

Soudain le cerf se retourna vers lui et dit :

— Pourquoi me poursuis-tu, toi qui seras meurtrier de ton père et de ta mère?

À ces paroles Julien fut frappé de stupeur. Et afin qu'il ne lui arrivât pas ce que le cerf avait prédit, il s'enfuit et abandonna tout. Il alla vers une région très lointaine, où il s'at-

---

1. *Legenda Aurea Jacobi de Voragine, ad* 27 *Januarium;* VINCENTIUS BELLOVACENSIS, l. IX, c. 115 ; S. ANTONINUS, Par. I, Tit. VI, c. 25, 4 ; DOMENECCUS, *Historia SS. Catalaniæ, ad* 28 *Augustum;* FERRARIUS, *Catalogus SS. Italiæ, ad* 12 *Februarium;* PETRUS, *De Natalibus,* L. III, c. 116, etc.

tacha au service d'un Prince. Là il se conduisit avec tant de vaillance à la guerre et au palais, que le Prince le fit Chevalier et lui donna pour femme une noble veuve Châtelaine, qui lui apporta son château en dot.

Cependant les parents de Julien, éplorés d'amour pour leur fils, erraient vagabonds à sa recherche. Ils parvinrent enfin au château fort que commandait Julien. Mais Julien se trouvait absent. Sa femme les vit et leur demanda qui ils étaient. Et eux lui racontèrent ce qui était arrivé à leur fils et comment ils voyageaient pour le chercher. Alors elle comprit que c'étaient les parents de Julien, d'autant que son mari lui avait souvent dit les mêmes choses. Et elle les reçut avec honneur et leur donna sa propre couche pour s'y reposer, et se fit préparer un autre lit. Le matin venu, la Châtelaine alla à l'église, laissant dormir dans son lit les parents de Julien, lassés. Cependant Julien, rentrant chez lui, et pénétrant dans la chambre nuptiale afin de réveiller sa femme, y trouva ses parents qui dormaient. Mais il ne savait pas que c'étaient ses parents : et ayant soupçonné tout d'un coup que sa femme était couchée là avec un amant, il tira silencieusement son glaive et les égorgea tous deux.

Puis il sortit du château et rencontra sa femme qui revenait de l'église. Et il lui demanda qui étaient ces gens qu'il avait trouvés dans son lit. Elle lui dit que c'étaient ses parents qui très doucement le cherchaient et qu'elle avait avec grand honneur reçus dans sa propre chambre.

Alors Julien manqua de se pâmer et commença à pleurer très amèrement disant : « Malheur à moi, qui viens d'égorger mes très doux parents ! Que ferai-je ? Voici qu'elle est accomplie, la parole du cerf ; et j'ai trouvé ici le crime dont la peur m'a fait fuir ma maison et ma patrie. Adieu donc, ma très douce sœur ; car je ne prendrai plus de repos que je ne sache si Dieu a agréé mon repentir. »

Et la femme de Julien lui dit : « Oh ! non, mon très doux frère, je ne t'abandonnerai pas ; mais puisque j'ai pris ma part de tes joies, je prendrai ma part de tes douleurs et de ta pénitence. »

Ils quittèrent le pays. Près d'un grand fleuve très périlleux à traverser, ils construisirent un grand hôpital. Et là ils restèrent leur temps de pénitence, et ils servaient de passeurs à ceux qui voulaient traverser le fleuve, et ils donnaient l'hospitalité aux pauvres.

Et beaucoup de temps après, une nuit que Julien, lassé, reposait (la gelée dehors était intense), il entendit une voix qui pleurait et se lamentait et criait : « Julien ! Fais-moi passer le fleuve ! » Julien, réveillé, se leva et trouva un homme qui déjà défaillait de froid. Il le porta dans sa maison, alluma du feu pour le réchauffer, et le fit coucher dans son lit, sous ses propres couvertures. Et un peu après, celui qui avait paru d'abord si faible et comme lépreux, devint rayonnant et s'éleva vers le ciel. Et il dit à son hôte :

— Julien, le Seigneur m'a envoyé vers toi pour te montrer qu'il a accepté ta pénitence (c'était un ange du Seigneur) et dans peu de temps vous reposerez tous deux dans le Seigneur.

Et ainsi il disparut.

Et peu de temps après Julien et sa femme, pleins d'aumônes et de bonnes œuvres, rendirent leurs âmes au Seigneur. »

Telle est la vie de saint Julien consacrée par la religion. Petrus, *De natalibus*, liv. III, c. 116, ajoute :

« Et parce qu'il fut l'hôte des pauvres et des pèlerins, les voyageurs l'invoquent pour trouver bon gîte sous le nom de Julien l'Hospitalier. »

Et Saint-Antonin :

« On récite donc en son honneur le *Notre Père* ou une autre oraison quand on demande bon gîte et protection contre les périls. »

C'est l'oraison de saint Julien. On la récitait ordinairement au temps de Boccace, ainsi qu'il apparaît d'un conte équivoque du *Decamerone* que La Fontaine a imité.

II

LE CONTE POPULAIRE DE JULIEN

La tradition religieuse ne nous donne rien de précis sur Julien l'Hospitalier. Ce n'est pas un saint martyr. Ce n'est pas un saint local, et nous ignorons près de quel fleuve dangereux il put construire son hôpital. Car l'invention de Ferrarius où il suppose que peut-être Julien aurait vécu en Vénétie parmi les Carnes est réfutée par les Bolandistes. Et si on l'a adoré en Belgique, en Istrie, en Sicile et en Catalogne, il ne paraît pas qu'aucun récit affirme sa présence en ces pays. Tantôt il est peint comme un chasseur, tantôt comme un passeur de rivière, tantôt avec le cerf qui lui annonça son crime. Il ne faut pas s'attacher davantage aux termes de *Chevalier*, de *Château fort*, et de *Châtelaine*, qui nous fixent tout au plus la date approximative à laquelle son histoire fut rédigée. S'il avait vécu près de l'époque de Saint-Antonin ou de Vincent de Beauvais, dans le temps où la féodalité était établie, nous saurions son pays et le nom du prince au service duquel il entra.

Mais les vies des saints ont été composées souvent avec des éléments étrangers à l'hagiographie. La légende des saints Barlaam et Josaphat, qui figure avec celle de Julien dans le *Speculum historiale* de Vincent de Beauvais et dans la *Legenda Aurea* de Jacques de Voragine, est l'adaptation de la vie de Siddàrtha, ou de Bouddha, ainsi qu'il a été reconnu par Laboulaye, Liebrecht, Max Muller et Yule. M. Amélineau a pu extraire de l'hagiographie copte deux volumes de contes chrétiens d'Égypte. Les histoires populaires qui servaient à Aristophane se retrouvent encore partiellement dans les vies des saints russes.

Si on examine à ce point de vue la légende de Julien, on y reconnaît aussitôt les caractères déterminants d'un conte populaire. Le thème général est l'histoire d'un homme qui accomplit par destinée un meurtre involontaire, et dans ce thème général sont compris trois thèmes épisodiques : un oracle est prononcé par un animal ; le héros est condamné, en expiation de son crime, à devenir passeur sur une rivière ; un ange vient éprouver sa charité sous la forme d'un pauvre ou d'un lépreux.

On sait que l'idée générale d'un conte populaire est exprimée par différents thèmes épisodiques qui varient et se combinent diversement suivant les temps, les nations ou les provinces.

Or parmi les contes populaires que nous connaissons, aucun ne reproduit la combinaison de thèmes qui se trouve dans l'histoire de Julien. Mais il arrive souvent qu'un conte emprunte des thèmes à un conte qui appartient à un autre cycle. M. Cosquin en a donné des exemples dans sa belle étude du *folklore* de Lorraine.

Il suffira donc de comparer les épisodes de l'histoire de Julien à d'autres épisodes recueillis parmi les cycles du *folklore* pour s'assurer de l'origine populaire de cette admirable légende. Peut-être trouvera-t-on plus tard dans la littérature orale une construction où les épisodes du conte seront disposés dans le même ordre. Et comme l'histoire de Julien devait être fort ancienne déjà, puisque son origine était oubliée lorsqu'elle entra au xiii⁰ siècle dans le *Speculum historiale*, on peut imaginer qu'elle représente pour nous un type archaïque dont les éléments ont été plus tard démembrés. Elle faisait sans doute partie d'un cycle d'autres contes analogues. Enclavée dans la littérature religieuse, c'est l'unique variante qui nous reste.

Le thème général du conte est absolument identique aux thèmes de l'histoire d'OEdipe, du prince Agib, le troisième calendar des *Mille et une Nuits*, et de la *Belle au Bois dormant*. OEdipe est contraint par un oracle à tuer son père Laïos; on l'expose; on l'écarte du pays; malgré toutes les précautions, il accomplit la prédiction à son insu. Les astrologues ont annoncé au père d'un jeune homme que son fils serait assassiné à l'âge de quinze ans par le prince Agib. Le vieillard fait enfermer son enfant dans un souterrain, au milieu d'une île. Agib aborde dans l'île, découvre la cachette, devient l'ami du jeune homme ; et, à l'heure assignée, le cinquantième jour, au moment où il va prendre un couteau pour découper un melon au sucre, son pied glisse, et il frappe l'enfant au cœur. Enfin, dans le conte de Perrault, une fée prédit que la petite princesse se percera la main d'un fuseau, et qu'il y aura de cruelles conséquences. Le roi interdit de filer dans son royaume. Pourtant la belle trouve une vieille femme au rouet, dans un donjon, joue avec le fuseau, se blesse, et l'oracle s'accomplit fatalement. C'est la forme affaiblie du même thème de *folklore :* et on se souvient que la première fée annonce que la belle mourra de la blessure.

Dans l'histoire de Julien, l'oracle est prononcé par un animal et c'est la caractéristique du premier épisode. Ici les rapprochements seraient innombrables et oiseux. C'est l'inverse du thème que les folkloristes ont cou-

tume d'appeler le « thème des animaux reconnaissants ». Nous sentons bien que l'histoire
de Julien est mutilée à cet endroit, sous sa
forme primitive. On ne nous dit point que Julien commit une mauvaise action en allant
à la chasse. Au contraire, le texte sacré explique : « *cum Julianus quâdam die venationi
insisteret, ut juvenis et nobilis.* » Le cerf ne
se plaint pas. Il se retourne simplement, et
dit :

— *Tu me sequeris, qui patris et matris tuæ
occisor eris?*

Il faut peut-être supposer — puisque la cruauté
de Julien ne saurait être mise en cause — que
dans le type archaïque du conte, le cerf était
un homme métamorphosé. Car telle est l'apparence de tous les animaux qui font de semblables prédictions dans les contes populaires. Et
on trouve là probablement l'influence d'une
tradition indoue et des nombreux apologues
religieux qui illustrent la doctrine de la mé-
tempsychose.

Après l'oracle, Julien se cache et s'enfuit,
pour échapper au destin. C'est l'épisode des

précautions, qu'on retrouve avec des variantes dans les contes grec, arabe et français.

L'oracle s'accomplit, et Julien devient, par pénitence, passeur sur une rivière. Nous reconnaissons là un épisode que nous retrouvons non seulement dans la légende de saint Christophe, mais encore dans un conte recueilli par les frères Grimm, le *Diable aux trois cheveux d'or*. Le héros du conte trouve sur son chemin une grosse rivière qu'il lui faut traverser. Le passeur lui explique qu'il est contraint de mener incessamment sa barque de l'un à l'autre bord et le supplie de vouloir bien le délivrer. Le héros fait interroger à ce sujet le diable. La réponse, c'est qu'il suffira au passeur de placer sa gaffe dans la main de son premier passager : alors il sera libre, et l'autre sera damné à son tour. Grâce aux péripéties du conte, le premier passager se trouve être un méchant roi. Le passeur fait ainsi qu'on lui a dit; et « désormais, dit le conte, le roi est passeur sur la rivière en punition de ses péchés ».

Quant à la légende de saint Christophe, elle est formée d'éléments si semblables à ceux

dont fut composée celle de Julien, qu'il faut
citer toute la partie commune. Voici l'admirable traduction de frère Jehan du Vignay,
publiée en 1554 :

« L'hermite dit à Christofle :

— Sçais-tu tel fleuve ?

Et Christofle lui dist :

— Moult de gens y passent qui y périssent.

Et l'hermite lui dist :

— Tu es de noble stature et fort vertueux ; se
tu demouroys delez ce fleuve et passoys tous
les gens, ce seroit moult aggreable chose à
Dieu. Et i'ay esperance à celluy que tu con-
voites servir qu'il s'apparoistra à toy.

Et Christofle luy dist :

— Certes ce service puis-ie bien faire, et si
le promets que ie le feray.

Adonc s'en alla Christofle à ce fleuve et feit
là un habitacle pour luy ; et portoit une grande
perche en lieu de baston et s'apuyoit en l'eaue
d'icelle, et portoit oultre toutes gens sans
cesser et là fut plusieurs iours.

Et si comme il se dormoit en sa maisonnette, il ouït la voix d'un enfant qui l'appelloit et disoit :

— Christofle, viens hors, et me porte oultre.

Et lors s'esveilla, et il yssit hors, mais ne trouva âme. Et quant il fut en la maison, il ouyt arriere une mesme voix et courut hors et ne trouva nul. Tiercement il fut appelé et vint là ; si trouva un enfant delez la rive du fleuve qui luy pria doulcement qu'il le portast oultre l'eaue. Et lors Christofle leva l'enfant sur ses espaules et print son baston et entra au fleuve pour le passer oultre ; et l'eaue s'enfla petit à petit, et l'enfant pesoit griefvement comme plomb. Et tant comme il alloit plus avant, de tant croissoit plus l'eaue et l'enfant pesoit de plus en plus sur ses espaules, si que Christofle avoit moult grans angoisses, et se doubtoit fort de noyer. Et quant il fut eschappé à grand peine et il fut passé oultre, il mit l'enfant sur la rive et lui dist :

— Enfant, tu m'as mis en grant péril et pesois tant que si i'eusse eu tout le monde sur moy, ie ne sentisse à peine greigneur faix.

Et l'enfant respondit :

— Christofle, ne te esmerveille pas : car tu n'as pas seulement eu tout le monde sur toy — mais celluy qui créa tout le monde tu as porté sur tes espaules. Je suis Christ ton roy à qui tu sers en ceste œuvre. Et affin que tu saches que ie dis vray, quand tu seras passé, fische ton baston en terre delez la maisonnette, et tu verras demain qu'il portera fleur et fruictz.

Et tantost il se esvanouit de ses yeulx.

Lors Christofle alla et fischa son baston en terre, et quant il se leva au matin, il le trouva ainsi comme un palmier, portant fueilles et fruict. »

C'est là essentiellement la même combinaison thématique que dans la seconde partie de l'histoire de Julien. Mais l'épisode du passeur y est joint à l'épisode de l'inconnu qui se trouve être un ange ou le Seigneur. Dans les *Contes populaires de la Gascogne*, l'épisode du pauvre ressemble vivement à la variante de l'histoire de Julien[1].

1. J. F. Bladé. *Contes pop. de la Gascogne*, I, 6.

c

C'est un fils de roi qui cherche l'épée de saint Pierre.

« A minuit il s'arrête tout proche d'une rivière. Au bord de l'eau grelottait un vieux pauvre à barbe grise.

— Bonsoir, pauvre. Mauvais temps pour voyager. Tu grelottes. Tiens : bois un coup à ma gourde, cela te réchauffera.

Le vieux pauvre but un coup à la gourde, et ne grelotta plus.

— Merci, mon ami. Maintenant porte-moi de l'autre côté de l'eau.

— Avec plaisir, pauvre. Monte sur mon dos et tiens-toi ferme. Jésus! tu ne pèses pas plus qu'une plume.

— Patience, je pèserai davantage au milieu de l'eau.

— C'est vrai. Jésus! tu m'écrases!

— Patience, sur l'autre bord je ne pèserai pas plus qu'une plume.

— C'est vrai. Tiens, pauvre, te voilà passé. Bois encore un coup à ma gourde, et que le bon Dieu te conduise!

— Jeune homme, je ne suis pas un pauvre,

je suis saint Pierre. Jeune homme, tu m'as fait un grand service. Je te paierai selon mon pouvoir... »

Dans un autre conte de la même collection, la belle Madeleine rencontre trois vieux pauvres au bord d'une rivière : elle les passe sur son dos. Puis les trois vieux pauvres se trouvent être saint Jean, saint Pierre et le bon Dieu. Ils promettent à la belle Madeleine de récompenser sa charité[1].

Malheureusement, pour ces deux derniers exemples, nous nous trouvons dans une grande incertitude. Il est impossible d'assurer que les deux contes de Gascogne n'ont pas été influencés par l'hagiographie. C'est peut-être là tout simplement une variante de la légende de saint Christophe, redevenue populaire. Il ne faut pas omettre de remarquer pourtant que saint Christophe lui-même n'a d'existence qu'en vertu de cet épisode de sa légende, puisque son nom est Χριστόφορος — celui qui porte le Christ. C'est là une forte présomption pour croire que

---

1. J. F. Bladé. *Contes pop. de la Gascogne*, II, iii, 3.

ce personnage a été véritablement créé dans le domaine du *folklore*.

Et l'histoire de Julien n'a sans doute point d'autre origine. Gustave Flaubert, qui en fit un conte si riche, la recueillit à peine entr'ouverte, comme une timide fleur du peuple. C'est une églantine sauvage près de la somptueuse chair de velours d'une rose cultivée. Il faut se pencher très bas pour ne pas perdre son parfum. Elle naquit parmi d'autres contes qui ne sont pas chrétiens, où les bêtes et les prêtres prononcent des oracles, où les fils de rois sont enfermés dans des tours solitaires pour échapper aux prédictions, où les héros criminels sont condamnés à passer éternellement les voyageurs sur des rivières tumultueuses, où les pauvres et les lépreux sont reconnaissants et divins. Elle est si lointaine et si humble que tout y est incertain.

III

GUSTAVE FLAUBERT

ET LA LÉGENDE DE SAINT JULIEN

« Et voilà l'histoire de saint Julien l'Hospitalier, dit Gustave Flaubert, telle à peu près qu'on la trouve sur un vitrail d'église, dans mon pays. »

C'est un vitrail de la cathédrale de Rouen, et M. Langlois en a publié un dessin dans ses collections. Lorsque Flaubert donna la *Légende de Saint Julien* à son éditeur, il lui écrivit pour lui demander de reproduire à la fin du livre la pieuse composition normande. Mais il avait peu d'estime pour le vitrail de Rouen. Il voulait faire admirer au lecteur l'extraordinaire différence qu'on trouve entre le conte orné splendidement et la naïve image provinciale. L'éditeur ne put réaliser le désir de Flaubert. Aujourd'hui encore nous avons peine à imaginer la miraculeuse transformation d'art et de style qui habilla de pourpre et d'or ces simples figures, qui suspendit à des parois de palais les sanglantes tapisseries de chasses et de batailles, qui fit d'un lépreux aux lèvres bleuâtres un saint aux yeux d'étoiles, dont les narines soufflaient l'odeur de la rose.

Il faut lire le conte de Julien dans la *Légende dorée* pour apprécier le génie de transformation de Gustave Flaubert.

Julien, dans le récit du *folklore*, n'a aucun caractère personnel. C'est un homme soumis au destin, et qui n'est point coupable. Il n'éprouve pas l'impérieux besoin de solitude de ceux qui ont l'âme criminelle. Voilà pourquoi il accepte de partager la pénitence avec sa femme, « sa très douce sœur », qui ne l'abandonne pas et qui meurt saintement avec lui. Julien, dans le conte de Flaubert, se présente devant sa femme après le meurtre : « Et, d'une

voix différente de la sienne, il lui commanda
premièrement de ne pas lui répondre, de ne pas
l'approcher, de ne plus même le regarder... »
Seul, il subit un châtiment qui n'est pas im-
mérité.

Car Julien, ainsi que l'a conçu Flaubert, a la
passion voluptueuse du sang. Elle le saisit tout
jeune. Il commence par le meurtre d'une souris pendant la messe. « Chaque dimanche il
l'attendait, en était importuné, *fut pris de haine
contre elle, et résolut de s'en défaire.* » Il l'épie,
une baguette à la main. « Il frappa un coup
léger, et demeura stupéfait devant ce petit corps
qui ne bougeait plus. »

Un peu plus tard, Julien tue un pigeon à
coups de pierres. « Le pigeon, les ailes cassées,
palpitait, suspendu aux branches d'un troène.
La persistance de la vie irrita l'enfant. Il se mit
à l'étrangler, et les convulsions de l'oiseau *faisaient battre son cœur,* l'emplissaient d'une *joie
tumultueuse et sauvage.* Au dernier raidisse-
ment, il se *sentit défaillir.* »

Dès lors l'amour de tuer s'élève en lui. Il a
une sorte de foi destructrice. Il touche véri-

tablement au mystère sacré qui fera de lui
un saint; car la destruction et la création ne
sont-elles point sœurs? Hanté par les spec-
tres de ses victimes, il ira jusqu'au meurtre
le plus affreux. C'est un assassinat involontaire. Et cependant il y a une seconde où il
se dit : « Si je le voulais pourtant! — Et il
avait peur que le diable ne lui en inspirât
l'envie. »

L'oracle du cerf devient ici une punition
prononcée avec une autorité terrible :

« Le prodigieux animal s'arrêta; et, les yeux
flamboyants, solennel comme un patriarche et
comme un justicier, pendant qu'une cloche au
loin tintait, il répéta trois fois :

« Maudit! maudit! maudit! Un jour, *cœur
féroce*, tu assassineras ton père et ta mère! »

Le conte de Flaubert est plein d'apparitions.
Les pauvres victimes muettes viennent repro-
cher à Julien sa voluptueuse cruauté. On croi-
rait que Flaubert est allé puiser aux sources
mêmes de la légende l'horreur sacrée du
meurtre des animaux.

De même que l'âme de Julien a été faite humaine, le décor du conte s'est précisé. Julien vit en fils de seigneur dans un château à quatre tours avec des toits pointus recouverts d'écailles de plomb. Son père est « toujours enveloppé d'une pelisse de renard »; quant à sa mère, « les cornes de son hennin frôlaient le linteau des portes ». Nous sommes à une époque imprécise, mais entre le xᵉ et le xvᵉ siècles. Le Prince de la légende devient « empereur d'Occitanie ». La Châtelaine a de grands yeux noirs qui « brillaient comme deux lampes très douces. Un sourire charmant écartait ses lèvres. Les anneaux de sa chevelure s'accrochaient aux pierreries de sa robe entr'ouverte, et sous la transparence de sa tunique, on devinait la jeunesse de son corps. » Le Château qu'elle apporte en dot à Julien « était un palais de marbre blanc, bâti à la moresque, sur un promontoire, dans un bois d'orangers... Les chambres, pleines de crépuscule, se trouvaient éclairées par les incrustations des murailles. De hautes colonnettes, minces comme des roseaux, supportaient la voûte des coupoles, décorées de reliefs imitant les stalactites des grottes. Il y

d

avait des jets d'eau dans les salles, des mosaïques dans les cours, des cloisons festonnées,
mille délicatesses d'architecture, et partout un
tel silence que l'on entendait le frôlement d'une
écharpe ou l'écho d'un soupir. » Flaubert nous
décrit tous les chiens de la meute de Julien,
les bêtes qu'il chassait, la manière dont il
« volait le héron, le milan, la corneille et le
vautour ». Au lieu que Saint-Antonin nous dit
qu'il « se conduit avec vaillance à la guerre »,
nous apprenons ici qu'il combat « les templiers
de Jérusalem, le suréna des Parthes, le négud
d'Abyssinie et l'empereur de Calicut, les Scandinaves, des Nègres, des Indiens, des Troglodytes », et que « c'est lui, et pas un autre, qui
assomma la guivre de Milan et le dragon
d'Oberbirbach ».

A l'aide de ces moyens Flaubert nous trans-
porte parmi le luxe fabuleux du monde de la
chevalerie. Cependant il n'oublie jamais que
l'histoire de Julien est un conte populaire. Il
y a introduit des épisodes empruntés à des
contes semblables.

L'aventure qui arrive à Julien avec une épée sarrasine est toute pareille à celle du prince Agib qui fait tomber un couteau pointu d'une haute étagère.

« Son père, le voulant réjouir, lui fit cadeau d'une grande épée sarrasine.

« Elle était au haut d'un pilier, dans une panoplie. Pour l'atteindre, il fallut une échelle. Julien y monta. L'épée trop lourde lui échappa des doigts, et en tombant frôla le bon seigneur de si près que sa houppelande en fut coupée. Julien crut avoir tué son père, et s'évanouit. »

De même que les pauvres des *Contes de Gascogne*, le Lépreux a une extraordinaire lourdeur :

« Dès qu'il entra dans la barque, elle enfonça prodigieusement, écrasée par son poids ; une secousse la remonta, et Julien se mit à ramer. »

La gradation des demandes du misérable est triple, ainsi que dans le *folklore :* J'ai faim, j'ai soif, j'ai froid ! Et il y a comme un vague souvenir de la cruauté du Loup dans le *Petit Chaperon rouge* sous l'insistance du Lépreux :

« Viens près de moi... Déshabille-toi... Réchauffe-moi ; pas avec tes mains — non —toute ta personne. »

Voilà comment Gustave Flaubert a réussi à fondre et à unir dans un miraculeux émail littéraire tout l'appareil de la chevalerie avec le plus simple des contes pieux du peuple. Et parmi cette éblouissante fusion nous voyons se dessiner les attitudes d'un Julien cruellement passionné, dont l'âme est tout près de la nôtre. C'est ainsi que les nobles poètes de l'âge d'Élisabeth créaient avec les ballades des pauvres gens de la campagne les héros que nous admirons dans leurs drames. Une des gloires de Flaubert sera d'avoir senti si vivement que la grande force de création vient de l'imagination obscure des peuples et que les chefs-d'œuvre naissent de la collaboration d'un génie avec une descendance d'anonymes.

IV

LA LÉGENDE DE SAINT JULIEN
ET SES ILLUSTRATEURS

M. Luc-Olivier Merson paraissait désigné
d'avance pour illustrer cette légende. Dès longtemps il y avait songé : les marges de son exemplaire des *Trois Contes* sont couvertes de fines
notes au crayon. Mais il rêvait une œuvre spé-
ciale : des gravures sur bois, en couleur, un peu
raides et naïves comme des tapisseries, où les animaux auraient pu sembler prodigieux, où les
yeux des bêtes-fantômes auraient été luisants, où
le saint et l'ange auraient été nimbés d'or. Pendant quinze mois, il discuta son idée avec l'éditeur. Il dut se résigner enfin. Le format du vo-
lume, préparé par M. Ferroud, ne permettait pas
d'exécuter des illustrations de cette nature. Il
fallait adopter le type des deux autres contes de
la belle collection de la *Librairie des Amateurs*.

Ce sont donc d'admirables vignettes que
M. Luc-Olivier Merson a composées pour la
Légende, non les curieuses images qu'il se pro-
posait de peindre. Mais ces vignettes sont des
chefs-d'œuvre. Elles encadrent le conte de
Flaubert dans un exquis décor du xve siècle.
Elles ont toute la grâce mystique que le grand
écrivain eût pu souhaiter. Les compositions de
M. Luc-Olivier Merson ont été gravées par
M. Géry-Bichard avec un extrême bonheur d'ex-
pression. M. Bichard est le graveur favori de l'au-
teur de la *Fuite en Égypte*. Il a été son collabo-
rateur déjà pour la magnifique série de *Notre-
Dame de Paris*. La souplesse de son talent lui permet de rendre, en les accentuant par la morsure,
les moindres nuances d'intention du peintre.

Il faut louer M. Ferroud d'avoir si juste-
ment choisi les artistes auxquels il a demandé
d'illustrer la *Légende de saint Julien*. Ainsi se
trouve achevée, à son honneur artistique,
l'œuvre de la publication des *Trois Contes* de
Gustave Flaubert.

MARCEL SCHWOB.

LA LÉGENDE

DE

SAINT JULIEN L'HOSPITALIER

I

Le père et la mère de
Julien habitaient un château, au
milieu des bois, sur la pente d'une colline.

Les quatre tours, aux angles, avaient des
toits pointus recouverts d'écailles de plomb,

et la base des murs s'appuyait sur les quartiers de rocs, qui dévalaient abruptement jusqu'au fond des douves.

Les pavés de la cour étaient nets comme le dallage d'une église. De longues gouttières, figurant des dragons la gueule en bas, crachaient l'eau des pluies vers la citerne ; et sur le bord des fenêtres, à tous les étages, dans un pot d'argile peinte, un basilic ou un héliotrope s'épanouissait.

Une seconde enceinte, faite de pieux, comprenait d'abord un verger d'arbres à fruits, ensuite un parterre où des combinaisons de fleurs dessinaient des chiffres, puis une treille avec des berceaux pour prendre le frais, et un jeu de mail qui servait au divertissement des pages. De l'autre côté se trouvaient le chenil, les écuries, la boulangerie, le pressoir et les granges. Un pâturage de gazon vert se développait tout autour, enclos lui-même d'une forte haie d'épines.

On vivait en paix depuis si longtemps que la herse ne s'abaissait plus ; les fossés étaient pleins d'eau; des hirondelles faisaient leurs nids dans la fente des créneaux; et l'archer qui tout le long du jour se promenait sur la courtine, dès que le soleil brillait trop fort, rentrait dans l'échauguette, et s'endormait comme un moine.

A l'intérieur, les ferrures partout reluisaient, les tapisseries dans les chambres protégeaient du froid, les armoires regorgeaient de linge, les tonnes de vin s'empilaient dans les celliers, les coffres de chêne craquaient sous le poids des sacs d'argent.

On voyait dans la salle d'armes, entre des étendards et des mufles de bêtes fauves, des armes de tous les temps et de toutes les nations, depuis les frondes des Amalécites et les javelots des Garamantes jusqu'aux braquemarts des Sarrasins et aux cottes de mailles des Normands.

La maîtresse broche de la cuisine pouvait faire tourner un bœuf; la chapelle était somptueuse comme l'oratoire d'un roi. Il y avait même, dans un endroit écarté, une étuve à la romaine; mais le bon seigneur s'en privait, estimant que c'est un usage des idolâtres.

Toujours enve-
loppé d'une pelisse
de renard, il se pro-
menait dans sa mai-
son, rendait la jus-
tice à ses vassaux, apaisait
les querelles de ses voisins. Pendant
l'hiver, il regardait les flocons de neige tomber,
ou se faisait lire des histoires. Dès les premiers
beaux jours, il s'en allait sur sa mule le long
des petits chemins, au bord des blés qui ver-

doyaient, et causait avec les manants, auxquels il donnait des conseils. Après beaucoup d'aventures, il avait pris pour femme une demoiselle de haut lignage.

Elle était très blanche, un peu fière et sérieuse. Les cornes de son hennin frôlaient le linteau des portes; la queue de sa robe de drap traînait de trois pas derrière elle. Son domestique était réglé comme l'intérieur d'un monastère; chaque matin elle distribuait la besogne à ses servantes, surveillait les confitures et les onguents, filait à la quenouille ou brodait des nappes d'autel. A force de prier Dieu il lui vint un fils.

Alors il y eut de grandes réjouissances, et un repas qui dura trois jours et quatre nuits, dans l'illumination des flambeaux, au son des harpes, sur des jonchées de feuillages.

On y mangea les plus rares épices, avec des poules grosses comme des moutons; par divertissement, un nain sortit d'un pâté; et, les écuelles ne suffisant plus, car la foule augmentait toujours, on fut obligé de boire dans les oliphants et dans les casques.

La nouvelle accouchée n'assista pas à ces fêtes. Elle se tenait dans son lit, tranquillement. Un soir, elle se réveilla, et elle aperçut, sous un rayon de la lune qui entrait par la fenêtre, comme une ombre mouvante. C'était

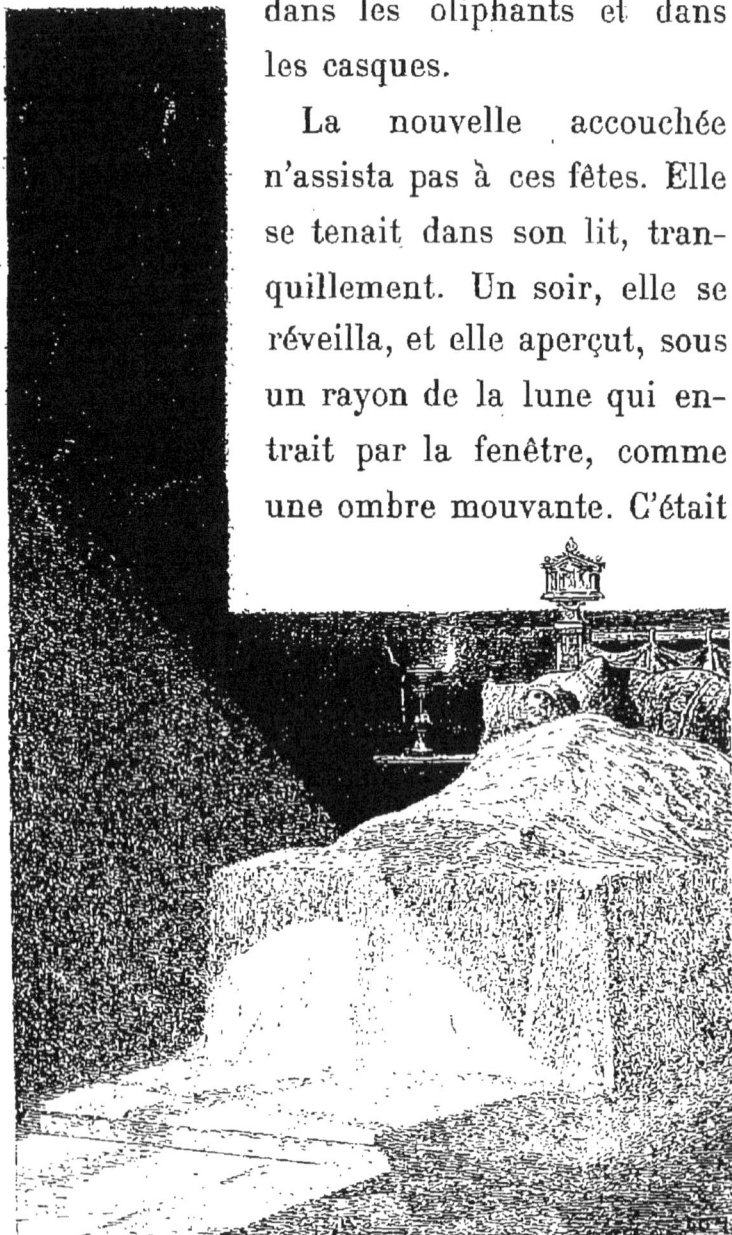

un vieillard en froc de bure, avec un chapelet au côté, une besace sur l'épaule, toute l'apparence d'un ermite. Il s'approcha de son chevet et lui dit, sans desserrer les lèvres :

« Réjouis-toi, ô mère! ton fils sera un saint! »

Elle allait crier; mais glissant sur le rais de la lune, il s'éleva dans l'air doucement, puis disparut. Les chants du banquet éclatèrent plus fort. Elle entendit les voix des anges; et sa tête retomba sur l'oreiller, que dominait un os de martyr dans un cadre d'escarboucles.

Le lendemain, tous les serviteurs interrogés déclarèrent qu'ils n'avaient pas vu d'ermite. Songe ou réalité, cela devait être une communication du ciel; mais elle eut soin de n'en rien dire, ayant peur qu'on ne l'accusât d'orgueil.

Les convives s'en allèrent au petit jour; et le père de Julien se trouvait en dehors de la poterne, où il venait de reconduire le dernier, quand tout à coup un mendiant se dressa de-

vant lui, dans le brouillard. C'était un Bohême
à barbe tressée, avec des anneaux d'argent aux
deux bras et les prunelles flamboyantes.

Il bégaya d'un air inspiré ces mots sans
suite :

« Ah! ah! ton fils!... beaucoup de sang!...
beaucoup de gloire!... toujours heureux! la
famille d'un empereur. »

Et, se baissant pour ramasser son aumône,
il se perdit dans l'herbe, s'évanouit.

Le bon châtelain regarda de droite et de
gauche, appela tant qu'il put. Personne! Le
vent sifflait, les brumes du matin s'envolaient.

Il attribua cette vision à la fatigue de sa
tête pour avoir trop peu dormi. « Si j'en parle,
on se moquera de moi, » se dit-il. Cependant
les splendeurs destinées à son fils l'éblouis-
saient, bien que la promesse n'en fût pas claire
et qu'il doutât même de l'avoir entendue.

Les époux se cachèrent leur secret. Mais
tous deux chérissaient l'enfant d'un pareil
amour; et, le respectant comme marqué de
Dieu, ils eurent pour sa personne des égards

infinis. Sa couchette était rembourrée du plus
fin duvet; une lampe en forme de colombe
brûlait dessus, continuellement; trois nourrices
le berçaient; et, bien serré dans ses langes, la
mine rose et les yeux bleus, avec son manteau
de brocart et son béguin chargé de perles, il
ressemblait à un petit Jésus. Les dents lui
poussèrent sans qu'il pleurât une seule fois.

Quand il eut sept ans, sa mère lui apprit à
chanter. Pour le rendre courageux, son père
le hissa sur un gros cheval. L'enfant souriait
d'aise, et ne tarda pas à savoir tout ce qui con-
cerne les destriers.

Un vieux moine très savant lui enseigna
l'Écriture sainte, la numération des Arabes, les
lettres latines, et à faire sur le vélin des pein-
tures mignonnes. Ils travaillaient ensemble,
tout en haut d'une tourelle, à l'écart du bruit.

La leçon terminée, ils descendaient dans le
jardin, où, se promenant pas à pas, ils étu-
diaient les fleurs.

Quelquefois on apercevait, cheminant au
fond de la vallée, une file de bêtes de somme,

2

conduites par un piéton, accoutré à l'orientale.
Le châtelain, qui l'avait reconnu pour un
marchand, expédiait vers lui un valet. L'étran-
ger, prenant confiance, se détournait de sa
route; et, introduit dans le parloir, il retirait
de ses coffres des pièces de velours et de soie,
des orfèvreries, des aromates, des choses sin-
gulières d'un usage inconnu; à la fin le bon-
homme s'en allait, avec un gros profit, sans
avoir enduré aucune violence. D'autres fois,
une troupe de pélerins frappait à la porte.
Leurs habits mouillés fumaient devant l'âtre;
et, quand ils étaient repus, ils racontaient leurs
voyages : les erreurs des nefs sur la mer
écumeuse, les marches à pied dans les sables
brûlants, la férocité des païens, les cavernes de
la Syrie, la Crèche et le Sépulcre. Puis ils
donnaient au jeune seigneur des coquilles de
leur manteau.

Souvent le châtelain festoyait ses vieux
compagnons d'armes. Tout en buvant, ils se
rappelaient leurs guerres, les assauts des for-
teresses avec le battement des machines et

les prodigieuses bles-
sures. Julien, qui les
écoutait, en poussait
des cris; alors son
père ne doutait pas
qu'il ne fût plus tard
un conquérant. Mais
le soir, au sortir de
l'angelus, quand il
passait entre les pau-
vres inclinés, il pui-

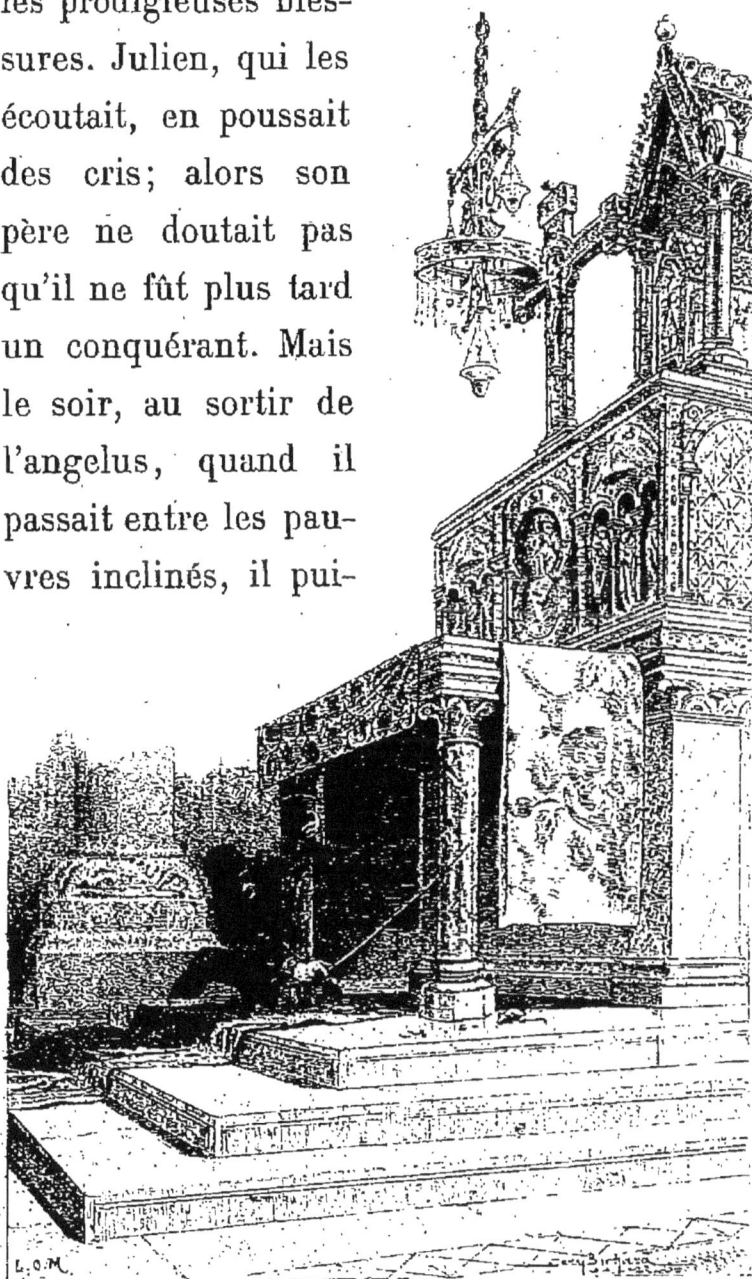

sait dans son escarcelle avec tant de modestie et d'un air si noble, que sa mère comptait bien le voir par la suite archevêque.

Sa place dans la chapelle était aux côtés de ses parents; et, si longs que fussent les offices, il restait à genoux sur son prie-Dieu, la toque par terre et les mains jointes.

Un jour, pendant la messe, il aperçut, en relevant la tête, une petite souris blanche qui sortait d'un trou, dans la muraille. Elle trottina sur la première marche de l'autel, et, après deux ou trois tours de droite et de gauche, s'enfuit du même côté. Le dimanche suivant, l'idée qu'il pourrait la revoir le troubla. Elle revint; et, chaque dimanche il l'attendait, en était importuné, fut pris de haine contre elle, et résolut de s'en défaire.

Ayant donc fermé la porte, et semé sur les marches les miettes d'un gâteau, il se posta devant le trou, une baguette à la main.

Au bout de très longtemps un museau rose parut, puis la souris tout entière. Il frappa un coup léger, et demeura stupéfait devant ce petit corps qui ne bougeait plus. Une goutte de sang tachait la dalle. Il l'essuya bien vite avec sa manche, jeta la souris dehors, et n'en dit rien à personne.

Toutes sortes d'oisillons picoraient les graines du jardin. Il imagina de mettre des pois dans un roseau creux. Quand il entendait gazouiller dans un arbre, il en approchait avec douceur, puis levait son tube, enflait ses joues; et les bestioles lui pleuvaient sur les épaules si abondamment qu'il ne pouvait s'empêcher de rire, heureux de sa malice.

Un matin, comme il s'en retournait par la courtine, il vit sur la crête du rempart un gros pigeon qui se rengorgeait au soleil. Julien s'arrêta pour le regarder; le mur en cet endroit ayant une brèche, un éclat de pierre se rencontra sous ses doigts. Il tourna son bras, et la pierre abattit l'oiseau qui tomba d'un bloc dans le fossé.

Il se précipita vers le fond, se déchirant aux broussailles, furetant partout, plus leste qu'un jeune chien.

Le pigeon, les ailes cas-
sées, palpitait, suspendu
dans les branches d'un
troène.

La persistance de sa vie irrita
l'enfant. Il se mit à l'étrangler;
et les convulsions de l'oiseau faisaient battre son cœur, l'emplissaient
d'une volupté sauvage et tumultueuse. Au
dernier roidissement, il se sentit défaillir.

Le soir pendant le souper, son père déclara

que l'on devait à son âge apprendre la vénerie ;
et il alla chercher un vieux cahier d'écriture
contenant, par demandes et réponses, tout le
déduit des chasses. Un maître y démontrait à
son élève l'art de dresser les chiens et d'affaiter
les faucons, de tendre les pièges, comment reconnaître le cerf à ses fumées, le renard à ses
empreintes, le loup à ses déchaussures, le bon
moyen de discerner leurs voies, de quelle manière on les lance, où se trouvent ordinairement leurs refuges, quels sont les vents les
plus propices, avec l'énumération des cris et
les règles de la curée.

Quand Julien put réciter par cœur toutes ces
choses, son père lui composa une meute.

D'abord on y distinguait vingt-quatre lévriers
barbaresques, plus véloces que des gazelles,
mais sujets à s'emporter ; puis dix-sept couples
de chiens bretons, tiquetés de blanc sur fond
rouge, inébranlables dans leur créance, forts
de poitrine et grands hurleurs. Pour l'attaque
du sanglier et les refuites périlleuses, il y avait
quarante griffons, poilus comme des ours. Des

mâtins de Tartarie, presque aussi hauts que
des ânes, couleur de feu, l'échine large et le
jarret droit, étaient destinés à poursuivre les
aurochs. La robe noire des épagneuls luisait
comme du satin; le jappement des talbots va-
lait celui des bigles chanteurs. Dans une cour
à part, grondaient, en secouant leur chaîne et
roulant leurs prunelles, huit dogues alains,
bêtes formidables qui sautent au ventre des
cavaliers et n'ont pas peur des lions.

Tous mangeaient du pain de froment, bu-
vaient dans des auges de pierre, et portaient un
nom sonore.

La fauconnerie, peut-être, dépassait la meute;
le bon seigneur, à force d'argent, s'était pro-
curé des tiercelets du Caucase, des sacres de
Babylone, des gerfauts d'Allemagne, et des
faucons-pèlerins, capturés sur les falaises, au
bord des mers froides, en de lointains pays.
Ils logeaient dans un hangar couvert de
chaume, et, attachés par rang de taille sur
le perchoir, avaient devant eux une motte
de gazon, où de temps à autre on les posait

afin de les dégourdir.

Des bourses, des ha-
meçons, des chausse-
trapes, toute sorte
d'engins, furent con-
fectionnés.

Souvent on menait
dans la campagne des
chiens d'oysel, qui
tombaient bien vite
en arrêt. Alors des pi-
queurs, s'avançant pas
à pas, étendaient avec
précaution sur leurs

corps impassibles un immense filet. Un commandement les faisait aboyer ; des cailles s'envolaient ; et les dames des alentours conviées
avec leurs maris, les enfants, les camérières,
tout le monde se jetait dessus, et les prenait
facilement.

D'autres fois, pour débûcher les lièvres, on
battait du tambour ; des renards tombaient dans
des fosses, ou bien un ressort, se débandant,
attrapait un loup par le pied.

Mais Julien méprisa ces commodes artifices ;
il préférait chasser loin du monde, avec son
cheval et son faucon. C'était presque toujours
un grand tartaret de Scythie, blanc comme la
neige. Son capuchon de cuir était surmonté
d'un panache, des grelots d'or tremblaient à
ses pieds bleus ; et il se tenait ferme sur le
bras de son maître pendant que le cheval galopait, et que les plaines se déroulaient. Julien,
dénouant ses longes, le lâchait tout à coup ; la
bête hardie montait droit dans l'air comme
une flèche ; et l'on voyait deux taches inégales
tourner, se joindre, puis disparaître dans les

hauteurs de l'azur. Le faucon ne tardait pas à descendre en déchirant quelque oiseau, et revenait se poser sur le gantelet, les deux ailes frémissantes.

Julien vola de cette manière le héron, le milan, la corneille et le vautour.

Il aimait, en sonnant de la trompe, à suivre ses chiens qui couraient sur le versant des collines, sautaient les ruisseaux, remontaient vers le bois; et, quand le cerf commençait à gémir sous les morsures, il l'abattait prestement, puis se délectait à la furie des mâtins qui le dévoraient, coupé en pièces sur sa peau fumante.

Les jours de brume, il s'enfonçait dans un marais pour guetter les oies, les loutres et les halbrans.

Trois écuyers, dès l'aube, l'attendaient au bas du perron; et le vieux moine, se penchant à sa lucarne, avait beau faire des signes pour le rappeler, Julien ne se retournait pas. Il allait à l'ardeur du soleil, sous la pluie, par la tempête, buvait l'eau des sources dans sa main,

mangeait en trottant des pommes
sauvages, s'il était fatigué se
reposait sous un chêne; et il
rentrait au milieu de la nuit,
couvert de sang et de boue,
avec des épines dans les
cheveux et sentant l'odeur
des bêtes farouches.

Il devint comme
elles. Quand sa
mère l'embrassait,
il acceptait froide-
ment son étreinte,
paraissant rêver à

des choses profondes. Il tua des ours à coups
de couteau, des taureaux avec la hache, des
sangliers avec l'épieu; et même une fois,
n'ayant plus qu'un bâton, se défendit contre
des loups qui rongeaient des cadavres au pied
d'un gibet.

Un matin d'hiver, il partit avant le jour, bien
équipé, une arbalète sur l'épaule et un trous-
seau de flèches à l'arçon de la selle.

Son genet danois, suivi de deux bassets, en
marchant d'un pas égal faisait résonner la
terre. Des gouttes de verglas se collaient à son
manteau, une brise violente soufflait. Un côté
de l'horizon s'éclaircit; et, dans la blancheur
du crépuscule, il aperçut des lapins sautillant
au bord de leurs terriers. Les deux bassets,
tout de suite, se précipitèrent sur eux ; et, çà
et là, vivement, leur cassaient l'échine.

Bientôt, il entra dans un bois. Au bout d'une
branche, un coq de bruyère engourdi par le
froid dormait la tête sous l'aile. Julien, d'un
revers d'épée, lui faucha les deux pattes, et
sans le ramasser continua sa route.

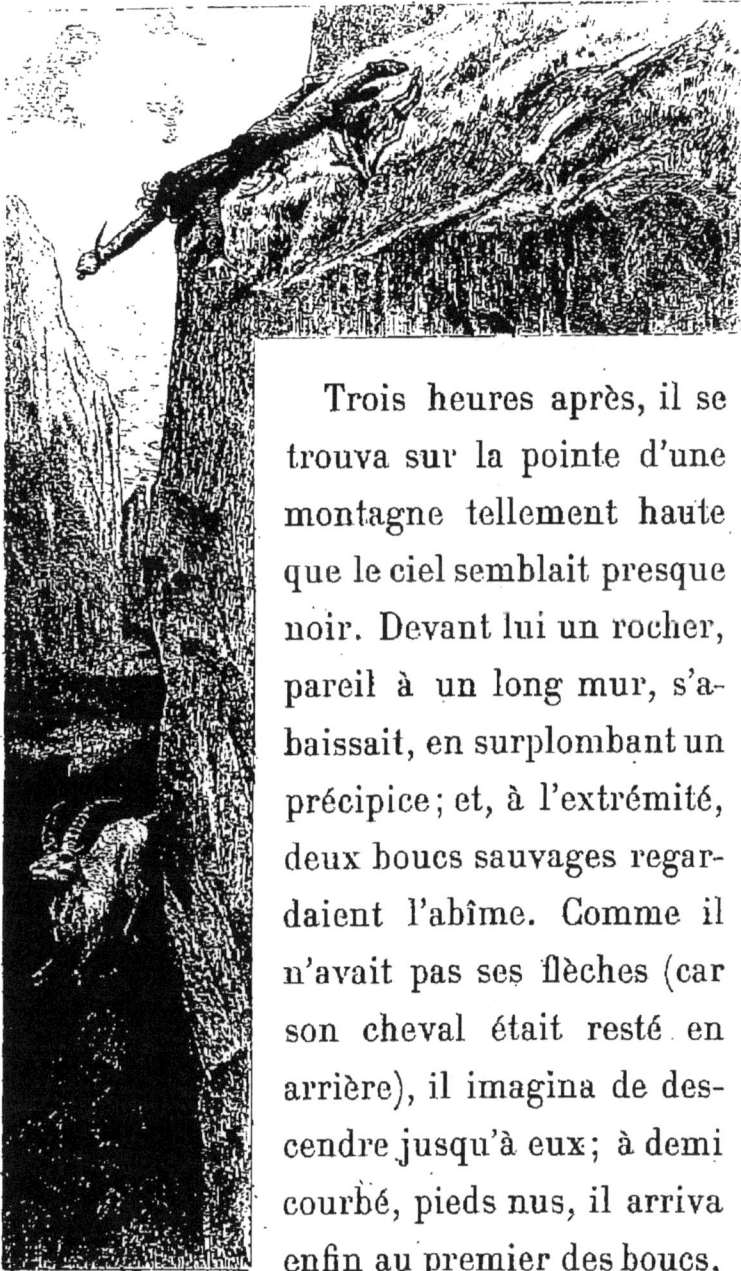

Trois heures après, il se trouva sur la pointe d'une montagne tellement haute que le ciel semblait presque noir. Devant lui un rocher, pareil à un long mur, s'abaissait, en surplombant un précipice ; et, à l'extrémité, deux boucs sauvages regardaient l'abîme. Comme il n'avait pas ses flèches (car son cheval était resté en arrière), il imagina de descendre jusqu'à eux ; à demi courbé, pieds nus, il arriva enfin au premier des boucs, et lui enfonça un poignard sous les côtes. Le second, pris de terreur, sauta dans le vide. Julien s'élança pour le frapper, et, glissant du pied droit, tomba sur le cadavre de l'autre, la face au-dessus de l'abîme et les deux bras écartés.

Redescendu dans la plaine, il suivit des saules qui bordaient une rivière. Des grues, volant très bas, de temps à autre passaient au-dessus de sa tête. Julien les assommait avec son fouet, et n'en manqua pas une.

Cependant l'air plus tiède avait fondu le givre, de larges vapeurs flottaient, et le soleil se montra. Il vit reluire tout au loin un lac figé, qui ressemblait à du plomb. Au milieu du lac, il y avait une bête que Julien ne connaissait pas, un castor à museau noir. Malgré la distance, une flèche l'abattit; et il fut chagrin de ne pouvoir emporter la peau.

Puis il s'avança dans une avenue de grands arbres, formant avec leurs cimes comme un arc de triomphe, à l'entrée d'une forêt. Un chevreuil bondit hors d'un fourré, un daim

parut dans un carrefour, un blaireau sortit
d'un trou, un paon sur le gazon déploya sa
queue; — et quand il les eut tous occis,
d'autres chevreuils se présentèrent, d'autres
daims, d'autres blaireaux, d'autres paons, et
des merles, des geais, des putois, des renards,
des hérissons, des lynx, une infinité de bêtes,
à chaque pas plus nombreuses. Elles tour-
naient autour de lui, tremblantes, avec un
regard plein de douceur et de supplication.
Mais Julien ne se fatiguait pas de tuer, tour à
tour bandant son arbalète, dégainant l'épée,
pointant du coutelas, et ne pensait à rien,
n'avait souvenir de quoi que ce fût. Il était en
chasse dans un pays quelconque, depuis un
temps indéterminé, par le fait seul de sa propre
existence, tout s'accomplissant avec la facilité
que l'on éprouve dans les rêves. Un spectacle
extraordinaire l'arrêta. Des cerfs emplissaient
un vallon ayant la forme d'un cirque; et tassés,
les uns près des autres, ils se réchauffaient
avec leurs haleines que l'on voyait fumer dans
le brouillard.

25

L'espoir d'un pareil carnage, pendant quelques minutes, le suffoqua de plaisir. Puis il descendit de cheval, retroussa ses manches, et se mit à tirer.

Au sifflement de la première flèche, tous les cerfs à la fois tournèrent la tête. Il se fit des enfonçures dans leur masse; des voix plaintives s'élevaient, et un grand mouvement agita le troupeau.

Le rebord du vallon était trop haut pour le franchir. Ils bondissaient dans l'enceinte, cherchant à s'échapper. Julien visait, tirait; et les flèches tombaient comme les rayons d'une pluie d'orage. Les cerfs rendus furieux se battaient, se cabraient, montaient les uns par-dessus les autres; et leurs corps avec leurs ramures emmêlées faisaient un large monticule, qui s'écroulait, en se déplaçant.

Enfin ils moururent, couchés sur le sable, la bave aux naseaux, les entrailles sorties, et l'ondulation de leurs ventres s'abaissant par degrés. Puis tout fut immobile.

La nuit allait venir; et derrière le bois, dans

4

les intervalles des branches, le ciel était rouge comme une nappe de sang.

Julien s'adossa contre un arbre. Il contemplait d'un œil béant l'énormité du massacre, ne comprenant pas comment il avait pu le faire.

De l'autre côté du vallon, sur le bord de la forêt, il aperçut un cerf, une biche et son faon.

Le cerf, qui était noir et monstrueux de taille, portait seize andouillers avec une barbe blanche. La biche, blonde comme les feuilles mortes, broutait le gazon; et le faon tacheté, sans l'interrompre dans sa marche, lui tétait la mamelle.

L'arbalète encore une fois ronfla. Le faon, tout de suite, fut tué. Alors sa mère, en regardant le ciel, brama d'une voix profonde, déchirante, humaine. Julien exaspéré, d'un coup en plein poitrail, l'étendit par terre.

Le grand cerf l'avait vu, fit un bond. Julien lui envoya sa dernière flèche. Elle l'atteignit au front, et y resta plantée.

Le grand cerf n'eut pas l'air de la sentir;

Luc-Olivier Merson, inv.   Géry-Bichard sc.

en enjambant par-dessus les morts, il avançait toujours, allait fondre sur lui, l'éventrer;
et Julien reculait dans une épouvante indicible.
Le prodigieux animal s'arrêta; et les yeux
flamboyants, solennel comme un patriarche et
comme un justicier, pendant qu'une cloche au
loin tintait, il répéta trois fois :

« Maudit! maudit! maudit! Un jour, cœur
féroce, tu assassineras ton père et ta mère! »

Il plia les genoux, ferma doucement ses
paupières, et mourut.

Julien fut stupéfait, puis accablé d'une fatigue soudaine; et un dégoût, une tristesse
immense l'envahit. Le front dans les deux
mains, il pleura pendant longtemps.

Son cheval était perdu; ses chiens l'avaient
abandonné; la solitude qui l'enveloppait lui
sembla toute menaçante de périls indéfinis.
Alors, poussé par un effroi, il prit sa course à
travers la campagne, choisit au hasard un sen-
tier, et se trouva presque immédiatement à la
porte du château.

La nuit, il ne dormit pas. Sous le vacille-

ment de la lampe suspendue, il revoyait toujours le grand cerf noir. Sa prédiction l'obsé-
dait; il se débattait contre elle. « Non! non!
non! je ne peux pas les tuer! » puis, il songeait : « Si je le voulais, pourtant?... » et il
avait peur que le Diable ne lui en inspirât
l'envie.

Durant trois mois, sa mère, en angoisse, pria
au chevet de son lit, et son père, en gémissant,
marchait continuellement dans les couloirs. Il
manda les maîtres mires les plus fameux, les-
quels ordonnèrent des quantités de drogues. Le
mal de Julien, disaient-ils, avait pour cause
un vent funeste, ou un désir d'amour. Mais le
jeune homme, à toutes les questions, secouait
la tête.

Les forces lui revinrent; et on le promenait
dans la cour, le vieux moine et le bon seigneur
le soutenant chacun par un bras.

Quand il fut rétabli complètement, il s'obs-
tina à ne point chasser.

Son père, le voulant réjouir, lui fit cadeau
d'une grande épée sarrasine.

Elle était au haut d'un pilier, dans une panoplie. Pour l'atteindre, il fallut une échelle. Julien y monta. L'épée trop lourde lui échappa des doigts, et en tombant frôla le bon seigneur de si près que sa houppelande en fut coupée ; Julien crut avoir tué son père, et s'évanouit.

Dès lors, il redouta les armes. L'aspect d'un fer nu le faisait pâlir. Cette faiblesse était une désolation pour sa famille.

Enfin le vieux moine, au nom de Dieu, de l'honneur et des ancêtres, lui commanda de reprendre ses exercices de gentilhomme.

Les écuyers, tous les jours, s'amusaient au maniement de la javeline. Julien y excella bien vite. Il envoyait la sienne dans le goulot des bouteilles, cassait les dents des girouettes, frappait à cent pas les clous des portes.

Un soir d'été, à l'heure où la brume rend les choses indistinctes, étant sous la treille du jardin, il aperçut tout au fond deux ailes blanches qui voletaient à la hauteur de l'espalier. Il ne douta pas que ce ne fût une cigogne ; et il lança son javelot.

Un cri déchirant partit.

C'était sa mère, dont le bonnet à longues barbes restait cloué contre le mur.

Julien s'enfuit du château, et ne reparut plus.

II

Il s'engagea dans une
troupe d'aventuriers qui
passaient. Il connut la faim, la soif, les fièvres
et la vermine. Il s'accoutuma au fracas des
mêlées, à l'aspect des moribonds. Le vent tanna
sa peau. Ses membres se durcirent par le contact
des armures; et comme il était très fort,
courageux, tempérant, avisé, il obtint sans
peine le commandement d'une compagnie.

Au début des batailles, il enlevait ses soldats d'un grand geste de son épée.

Avec une corde à nœuds, il grimpait aux murs des citadelles, la nuit, balancé par l'ouragan, pendant que les flammèches du feu grégeois se collaient à sa cuirasse, et que la résine bouillante et le plomb fondu ruisselaient des créneaux. Souvent le heurt d'une pierre fracassa son bouclier. Des ponts trop chargés d'hommes croulèrent sous lui. En tournant sa masse d'armes, il se débarrassa de quatorze cavaliers. Il défit, en champ clos, tous ceux qui se proposèrent. Plus de vingt fois, on le crut mort.

Grâce à la faveur divine, il en réchappa toujours ; car il protégeait les gens d'église, les orphelins, les veuves, et principalement les vieillards. Quand il en voyait un marchant devant lui, il criait pour connaître sa figure, comme s'il avait eu peur de le tuer par méprise.

Des esclaves en fuite, des manants révoltés, des bâtards sans fortune, toutes sortes d'intrépides affluèrent sous son drapeau, et il se composa une armée.

Elle grossit. Il devint fameux. On le recherchait.

Tour à tour, il secourut le Dauphin de France et le roi d'Angleterre, les templiers de Jérusalem, le suréna des Parthes, le négud d'Abyssinie, et l'empereur de Calicut. Il combattit des Scandinaves recouverts d'écailles de poisson, des Nègres munis de rondaches en cuir d'hippopotame et montés sur des ânes rouges, des Indiens couleur d'or et brandissant par-dessus leurs diadèmes de larges sabres, plus clairs que des miroirs. Il vainquit les Troglodytes et les Anthropophages. Il traversa des régions si torrides que sous l'ardeur du soleil les chevelures s'allumaient d'elles-mêmes, comme des flambeaux; et d'autres qui étaient si glaciales, que les bras, se détachant du corps, tombaient par terre; et des pays où il y avait tant de brouillards que l'on marchait environné de fantômes.

Des républiques en embarras le consultèrent.

Aux entrevues d'ambassadeurs, il obtenait des conditions inespérées. Si un monarque se conduisait trop mal, il arrivait tout à coup, et lui faisait des remontrances. Il affranchit des peuples. Il délivra des reines enfermées dans des tours. C'est lui, et pas un autre, qui assomma la guivre de Milan et le dragon d'Oberbirbach.

Or l'empereur d'Occitanie, ayant triomphé des Musulmans espagnols, s'était joint par concubinage à la sœur du calife de Cordoue ; et il en conservait une fille, qu'il avait élevée chrétiennement. Mais le calife, faisant mine de vouloir se convertir, vint lui rendre visite, accompagné d'une escorte nombreuse, massacra toute sa garnison, et le plongea dans un cul de basse-fosse, où il le traitait durement, afin d'en extirper des trésors.

Julien accourut à son aide, détruisit l'armée des infidèles, assiégea la ville, tua le calife, coupa sa tête, et la jeta comme une boule par-dessus les remparts. Puis il tira l'empereur de sa prison, et le fit remonter sur son trône, en présence de toute sa cour.

L'empereur, pour prix
d'un tel service, lui
présenta dans des
corbeilles beau-
coup d'argent; Ju-
lien n'en voulut
pas. Croyant qu'il
en désirait davan-
tage, il lui offrit les
trois quarts de ses
richesses; nouveau
refus; puis de par-
tager son royaume;

Julien le remercia; et l'empereur en pleurait
de dépit, ne sachant de quelle manière témoi-
gner sa reconnaissance, quand il se frappa le
front, dit un mot à l'oreille d'un courtisan ; les
rideaux d'une tapisserie se relevèrent, et une
jeune fille parut.

Ses grands yeux noirs brillaient comme
deux lampes très douces. Un sourire charmant
écartait ses lèvres. Les anneaux de sa chevelure
s'accrochaient aux pierreries de sa robe
entr'ouverte; et, sous la transparence de sa
tunique, on devinait la jeunesse de son corps.
Elle était toute mignonne et potelée, avec la
taille fine.

Julien fut ébloui d'amour, d'autant plus
qu'il avait mené jusqu'alors une vie très
chaste.

Donc il reçut en mariage la fille de l'empereur, avec un château qu'elle tenait de sa
mère; et, les noces étant terminées, on se
quitta, après des politesses infinies de part et
d'autre.

C'était un palais de marbre blanc, bâti à la

moresque, sur un promontoire, dans un bois d'orangers. Des terrasses de fleurs descendaient jusqu'au bord d'un golfe, où des coquilles roses craquaient sous les pas. Derrière le château, s'étendait une forêt ayant le dessin d'un éventail. Le ciel continuellement était bleu, et les arbres se penchaient tour à tour sous la brise de la mer et le vent des montagnes, qui fermaient au loin l'horizon.

Les chambres, pleines de crépuscule, se trouvaient éclairées par les incrustations des murailles. De hautes colonnettes, minces comme des roseaux, supportaient la voûte des coupoles, décorées de reliefs imitant les stalactites des grottes.

Il y avait des jets d'eau dans les salles, des mosaïques dans les cours, des cloisons festonnées, mille délicatesses d'architecture, et partout un tel silence que l'on entendait le frôlement d'une écharpe ou l'écho d'un soupir.

Julien ne faisait plus la guerre. Il se reposait, entouré d'un peuple tranquille; et, chaque jour, une foule passait devant lui, avec des génuflexions et des baise-mains à l'orientale.

Vêtu de pourpre, il restait accoudé dans l'embrasure d'une fenêtre, en se rappelant ses chasses d'autrefois ; et il aurait voulu courir sur le désert après les gazelles et les autruches, être caché dans les bambous à l'affût des léopards, traverser des forêts pleines de rhinocéros, atteindre au sommet des monts les plus inaccessibles pour viser mieux les aigles, et sur les glaçons de la mer combattre les ours blancs.

Quelquefois, dans un rêve, il se voyait comme notre père Adam au milieu du Paradis, entre toutes les bêtes ; en allongeant le bras, il les faisait mourir ; ou bien, elles défilaient, deux à deux, par rang de taille, depuis les éléphants et les lions jusqu'aux hermines et aux canards, comme le jour qu'elles entrèrent dans l'arche de Noé. A l'ombre d'une caverne, il dardait sur elles des javelots infaillibles ; il en survenait d'autres ; cela n'en finissait pas ; et il se réveillait en roulant des yeux farouches.

Des princes de ses amis l'invitèrent à chasser.

Il s'y refusa tou-
jours, croyant,
par cette sorte de
pénitence, détourner
son malheur; car il lui
semblait que du meurtre des
animaux dépendait le sort de ses
parents. Mais il souffrait de ne pas les voir, et
son autre envie devenait insupportable.

Sa femme, pour le récréer, fit venir des jon-
gleurs et des danseuses.

Elle se promenait avec lui en litière ouverte, dans la campagne; d'autres fois, étendus sur le bord d'une chaloupe, ils regardaient les poissons vagabonder dans l'eau, claire comme le ciel. Souvent elle lui jetait des fleurs au visage; accroupie devant ses pieds, elle tirait des airs d'une mandoline à trois cordes; puis, lui posant sur l'épaule ses deux mains jointes, disait d'une voix timide : — « Qu'avez-vous donc, cher seigneur? »

Il ne répondait pas, ou éclatait en sanglots; enfin, un jour, il avoua son horrible pensée.

Elle la combattit, en raisonnant très bien : son père et sa mère, probablement, étaient morts; si jamais il les revoyait, par quel hasard, dans quel but, arriverait-il à cette abomination? Donc, sa crainte n'avait pas de cause, et il devait se remettre à chasser.

Julien souriait en l'écoutant, mais ne se décidait pas à satisfaire son désir.

Un soir du mois d'août qu'ils étaient dans leur chambre, elle venait de se coucher et il s'agenouillait pour sa prière quand il entendit le jappement d'un renard, puis des pas légers sous la fenêtre; et il entrevit dans l'ombre comme des apparences d'animaux. La tentation était trop forte. Il décrocha son carquois.

Elle parut surprise.

« C'est pour t'obéir ! dit-il, au lever du soleil, je serai revenu. »

Cependant elle redoutait une aventure funeste.

Il la rassura, puis sortit, étonné de l'inconséquence de son humeur.

Peu de temps après, un page vint annoncer que deux inconnus, à défaut du seigneur absent, réclamaient tout de suite la seigneuresse.

Et bientôt entrèrent dans la chambre un vieil homme et une vieille femme, courbés, poudreux, en habits de toile, et s'appuyant chacun sur un bâton.

Ils s'enhardirent et déclarèrent qu'ils apportaient à Julien des nouvelles de ses parents.

Elle se pencha pour les entendre.

Mais, s'étant concertés du regard, ils lui

demandèrent s'il les aimait toujours, s'il parlait d'eux quelquefois.

« Oh! oui! » dit-elle.

Alors, ils s'écrièrent :

« Eh bien! c'est nous! » et ils s'assirent, étant fort las et recrus de fatigue.

Rien n'assurait à la jeune femme que son époux fût leur fils.

Ils en donnèrent la preuve, en décrivant des signes particuliers qu'il avait sur la peau.

Elle sauta hors sa couche, appela son page, et on leur servit un repas.

Bien qu'ils eussent grand'faim, ils ne pouvaient guère manger; et elle observait à l'écart le tremblement de leurs mains osseuses, en prenant les gobelets.

Ils firent mille questions sur Julien. Elle répondait à chacune, mais eut soin de taire l'idée funèbre qui les concernait.

Ne le voyant pas revenir, ils étaient partis de leur château; et ils marchaient depuis plusieurs années, sur de vagues indications, sans perdre l'espoir.

Il avait fallu tant d'argent au péage des fleuves et dans les hôtelleries, pour les droits des princes et les exigences des voleurs, que le fond de leur bourse était vide, et qu'ils mendiaient maintenant. Qu'importe, puisque bientôt ils embrasseraient leur fils? Ils exaltaient son bonheur d'avoir une femme aussi gentille, et ne se lassaient point de la contempler et de la baiser.

La richesse de l'appartement les étonnait beaucoup; et le vieux, ayant examiné les murs, demanda pour-

quoi s'y trouvait le blason de l'empereur d'Occitanie.

Elle répliqua : c'est mon père !

Alors il tressaillit, se rappelant la prédiction
du Bohême ; et la vieille songeait à la parole
de l'Ermite. Sans doute la gloire de son fils
n'était que l'aurore des splendeurs éternelles ;
et tous les deux restaient béants, sous la lumière du candélabre qui éclairait la table.

Ils avaient dû être très beaux dans leur jeunesse. La mère avait encore tous ses cheveux,
dont les bandeaux fins, pareils à des plaques
de neige, pendaient jusqu'au bas de ses joues ;
et le père, avec sa taille haute et sa grande
barbe, ressemblait à une statue d'église.

La femme de Julien les engagea à ne pas
l'attendre. Elle les coucha elle-même dans son
lit, puis ferma la croisée ; ils s'endormirent.
Le jour allait paraître, et, derrière le vitrail,
les petits oiseaux commençaient à chanter.

Julien avait traversé le parc ; et il marchait
dans la forêt d'un pas nerveux, jouissant de la
mollesse du gazon et de la douceur de l'air.

Les ombres des arbres s'étendaient sur la mousse. Quelquefois la lune faisait des taches blanches dans les clairières, et il hésitait à s'avancer, croyant apercevoir une flaque d'eau, ou bien la surface des mares tranquilles se confondait avec la couleur de l'herbe. C'était partout un grand silence; et il ne découvrait aucune des bêtes qui, peu de minutes auparavant, erraient à l'entour de son château.

Le bois s'épaissit, l'obscurité devint profonde. Des bouffées de vent chaud passaient, pleines de senteurs amollissantes. Il enfonçait dans des tas de feuilles mortes, et il s'appuya contre un chêne pour haleter un peu.

Tout à coup, derrière son dos, bondit une masse plus noire, un sanglier. Julien n'eut pas le temps de saisir son arc, et il s'en affligea comme d'un malheur.

Puis, étant sorti du bois, il aperçut un loup qui filait le long d'une haie.

Julien lui envoya une flèche. Le loup s'arrêta, tourna la tête pour le voir et reprit sa course. Il trottait en gardant toujours la même

distance, s'arrêtait de temps à autre, et, sitôt qu'il était visé, recommençait à fuir.

Julien parcourut de cette manière une plaine interminable, puis des monticules de sable, et enfin il se trouva sur un plateau dominant un grand espace de pays. Des pierres plates étaient clair semées entre des caveaux en ruines. On trébuchait sur des

ossements de morts; de place en place, des
croix vermoulues se penchaient d'un air
lamentable. Mais des formes remuèrent dans
l'ombre indécise des tombeaux; et il en surgit
des hyènes, tout effarées, pantelantes. En faisant claquer leurs ongles sur les dalles, elles
vinrent à lui et le flairaient avec un bâillement
qui découvrait leurs gencives. Il dégaina son
sabre. Elles partirent à la fois dans toutes les
directions, et, continuant leur galop boiteux
et précipité, se perdirent au loin sous un flot
de poussière.

Une heure après, il rencontra dans un ravin
un taureau furieux, les cornes en avant, et qui
grattait le sable avec son pied. Julien lui pointa
sa lance sous les fanons. Elle éclata, comme si
l'animal eût été de bronze; il ferma les yeux,
attendant sa mort. Quand il les rouvrit, le taureau avait disparu.

Alors son âme s'affaissa de honte. Un pouvoir
supérieur détruisait sa force; et, pour s'en re-
tourner chez lui, il rentra dans la forêt.

Elle était embarrassée de lianes; et il les

coupait avec son sabre quand une fouine glissa brusquement entre ses jambes, une panthère fit un bond par-dessus son épaule, un serpent monta en spirale autour d'un frêne.

Il y avait dans son feuillage un choucas monstrueux, qui regardait Julien ; et, çà et là, parurent entre les branches quantité de larges étincelles, comme si le firmament eût fait pleuvoir dans la forêt toutes ses étoiles. C'étaient

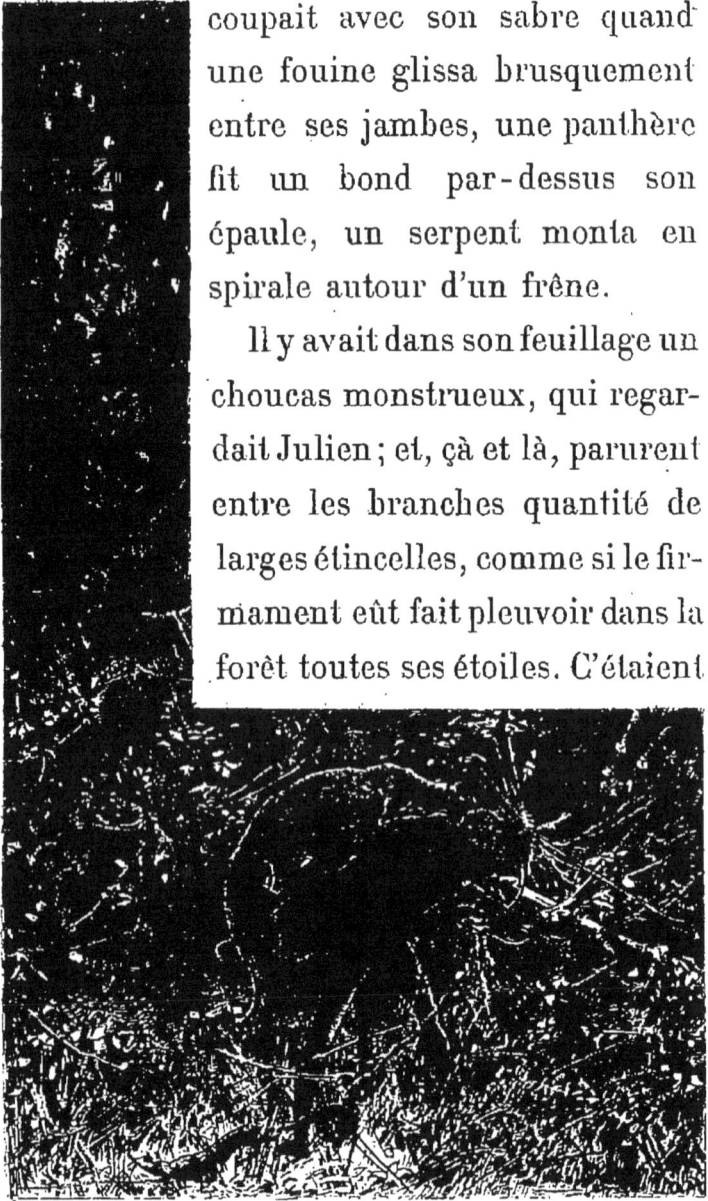

des yeux d'animaux, des chats sauvages, des écureuils, des hiboux, des perroquets, des singes.

Julien darda contre eux ses flèches; les flèches, avec leurs plumes, se posaient sur les feuilles comme des papillons blancs. Il leur jeta des pierres; les pierres, sans rien toucher, retombaient. Il se maudit, aurait voulu se battre, hurla des imprécations, étouffait de rage.

Et tous les animaux qu'il avait poursuivis se représentèrent, faisant autour de lui un cercle étroit. Les uns étaient assis sur leur croupe, les autres dressés de toute leur taille. Il restait au milieu, glacé de terreur, incapable du moindre mouvement. Par un effort suprême de sa volonté, il fit un pas; ceux qui perchaient sur les arbres ouvrirent leurs ailes, ceux qui foulaient le sol déplacèrent leurs membres; et tous l'accompagnaient.

Les hyènes marchaient devant lui, le loup et le sanglier par derrière. Le taureau, à sa droite, balançait la tête; et, à sa gauche, le

7

serpent ondulait dans les herbes, tandis que la panthère, bombant son dos, avançait à pas de velours et à grandes enjambées. Il allait le plus lentement possible pour ne pas les irriter; et il voyait sortir de la profondeur des buissons des porcs-épics, des renards, des vipères, des chacals et des ours.

Julien se mit à courir; ils coururent. Le serpent sifflait, les bêtes puantes bavaient. Le sanglier lui frottait les talons avec ses défenses, le loup l'intérieur des mains avec les poils de son museau. Les singes le pinçaient en grimaçant, la fouine se roulait sur ses pieds. Un ours, d'un revers de patte, lui enleva son chapeau; et la panthère, dédaigneusement, laissa tomber une flèche qu'elle portait à sa gueule.

Une ironie perçait dans leurs allures sournoises. Tout en l'observant du coin de leurs prunelles, ils semblaient méditer un plan de vengeance; et, assourdi par le bourdonnement des insectes, battu par des queues d'oiseau, suffoqué par des haleines, il marchait les bras tendus et les paupières closes comme un

aveugle, sans même avoir la force de crier : « Grâce! »

Le chant d'un coq vibra dans l'air. D'autres y répondirent; c'était le jour; et il reconnut, au delà des orangers, le faîte de son palais.

Puis, au bord d'un champ, il vit, à trois pas d'intervalle, des perdrix rouges qui voletaient dans les chaumes. Il dégrafa son manteau, et l'abattit sur elles comme un filet. Quand il les eut découvertes, il n'en trouva qu'une seule, et morte depuis longtemps, pourrie.

52

Cette déception l'exaspéra plus que toutes les autres. Sa soif de carnage le reprenait; les bêtes manquant, il aurait voulu massacrer des hommes. Il gravit les trois terrasses, enfonça la porte d'un coup de poing; mais, au bas de l'escalier, le souvenir de sa chère femme détendit son cœur. Elle dormait sans doute, et il allait la surprendre.

Ayant retiré ses sandales, il tourna doucement la serrure, et entra.

Les vitraux garnis de plomb obscurcissaient la pâleur de l'aube. Julien se prit les pieds dans des vêtements, par terre; un peu plus loin, il heurta une crédence encore chargée de vaisselle. « Sans doute, elle aura mangé, » se dit-il; et il avançait vers le lit, perdu dans les ténèbres au fond de la chambre. Quand il fut au bord, afin d'embrasser sa femme, il se pencha sur l'oreiller où les deux têtes reposaient l'une près de l'autre. Alors, il sentit contre sa bouche l'impression d'une barbe.

Il se recula, croyant devenir fou; mais il revint près du lit, et ses doigts, en palpant,

Luc-Olivier Merson inv.   Géry-Bichard sc.

A. FERROUD, ÉDITEUR.

rencontrèrent des cheveux qui étaient très longs. Pour se convaincre de son erreur, il repassa lentement sa main sur l'oreiller. C'était bien une barbe, cette fois, et un homme! un homme couché avec sa femme!

Éclatant d'une colère démesurée, il bondit sur eux à coups de poignard; et il trépignait, écumait, avec des hurlements de bête fauve. Puis il s'arrêta. Les morts, percés au cœur, n'avaient pas même bougé. Il écoutait attentivement leurs deux râles presque égaux, et, à mesure qu'ils s'affaiblissaient, un autre, tout au loin, les continuait. Incertaine d'abord, cette voix plaintive, longuement poussée, se rapprochait, s'enfla, devint cruelle; et il reconnut, terrifié, le bramement du grand cerf noir.

Et comme il se retournait, il crut voir, dans l'encadrure de la porte, le fantôme de sa femme, une lumière à la main.

Le tapage du meurtre l'avait attirée. D'un large coup d'œil, elle comprit tout, et s'enfuyant d'horreur laissa tomber son flambeau.

Il le ramassa.

54

Son père et sa mère étaient devant lui, étendus sur le dos avec un trou dans la poitrine; et leurs visages, d'une majestueuse douceur, avaient l'air de garder comme un secret éternel. Des éclaboussures et des flaques de sang s'étalaient au milieu de leur peau blanche, sur les draps du lit, par terre, le long d'un christ d'ivoire suspendu dans l'alcôve. Le reflet écarlate du vitrail, alors frappé par le soleil, éclairait ces taches rouges, et en jetait de plus nombreuses dans tout l'appartement. Julien marcha vers les deux morts en se disant, en voulant croire, que cela n'était pas possible, qu'il s'était trompé, qu'il y a parfois des ressemblances inexplicables. Enfin, il se baissa légèrement pour voir de tout près le vieillard; et il aperçut, entre ses paupières mal fermées, une prunelle éteinte qui le brûla comme du feu. Puis il se porta de l'autre côté de la couche, occupé par l'autre corps, dont les cheveux blancs masquaient une partie de la figure. Julien lui passa les doigts sous ses bandeaux, leva sa tête; — et il la regardait, en la

tenant au bout de son bras roidi, pendant que
de l'autre main il s'éclairait avec le flambeau.
Des gouttes, suintant du matelas, tombaient
une à une sur le plancher.

A la fin du jour, il se présenta devant sa
femme; et, d'une voix différente de la sienne,
il lui commanda premièrement de ne pas lui
répondre, de ne pas l'approcher, de ne plus
même le regarder, et qu'elle eût à suivre, sous
peine de damnation, tous ses ordres qui étaient
irrévocables.

Les funérailles seraient faites selon les in-
structions qu'il avait laissées par écrit, sur un
prie-Dieu, dans la chambre des morts. Il lui
abandonnait son palais, ses vassaux, tous ses
biens, sans même retenir les vêtements de son
corps, et ses sandales, que l'on trouverait au
haut de l'escalier.

Elle avait obéi à la volonté de Dieu, en
occasionnant son crime, et devait prier pour
son âme, puisque désormais il n'existait plus.

On enterra les morts avec magnificence,
dans l'église d'un monastère à trois journées

du château. Un moine en cagoule rabattue
suivit le cortège, loin de tous les autres, sans
que personne osât lui parler.

Il resta pendant la messe, à plat ventre au
milieu du portail, les bras en croix, et le front
dans la poussière.

Après l'ensevelissement, on le vit prendre
le chemin qui menait aux montagnes. Il se
retourna plusieurs fois, et finit par disparaître.

III

Il s'en alla, mendiant sa vie par le monde.

Il tendait sa main aux cavaliers sur les rou-
tes, avec des génuflexions s'approchait des

moissonneurs, ou restait immobile devant la barrière des cours; et son visage était si triste que jamais on ne lui refusait l'aumône.

Par esprit d'humilité, il racontait son histoire; alors tous s'enfuyaient, en faisant des signes de croix. Dans les villages où il avait déjà passé, sitôt qu'il était reconnu, on fermait les portes, on lui criait des menaces, on lui jetait des pierres. Les plus charitables posaient une écuelle sur le bord de leur fenêtre, puis fermaient l'auvent pour ne pas l'apercevoir.

Repoussé de partout, il évita les hommes; et il se nourrit de racines, de plantes, de fruits perdus, et de coquillages qu'il cherchait le long des grèves.

Quelquefois, au tournant d'une côte, il voyait sous ses yeux une confusion de toits pressés, avec des flèches de pierre, des ponts, des tours, des rues noires s'entre-croisant, et d'où montait jusqu'à lui un bourdonnement continuel.

Le besoin de se mêler à l'existence des

autres le faisait descendre dans la ville. Mais
l'air bestial des figures, le tapage des métiers,
l'indifférence des propos glaçaient son cœur.
Les jours de fête, quand le bourdon des cathé-
drales mettait en joie dès l'aurore le peuple
entier, il regardait les habitants sortir de
leurs maisons, puis les danses sur les places,
les fontaines de cervoise dans les carrefours,
les tentures de damas devant le logis des
princes, et le soir venu, par le vitrage des rez-
de-chaussée, les longues tables de famille où
des aïeux tenaient des petits enfants sur leurs
genoux; des sanglots l'étouffaient, et il s'en
retournait vers la campagne.

Il contemplait avec des élancements d'amour
les poulains dans les herbages, les oiseaux
dans leurs nids, les insectes sur les fleurs;
tous, à son approche, couraient plus loin, se
cachaient effarés, s'envolaient bien vite.

Il rechercha les solitudes. Mais le vent
apportait à son oreille comme des râles d'ago-
nie; les larmes de la rosée tombant par terre
lui rappelaient d'autres gouttes d'un poids

plus lourd. Le soleil, tous les soirs, étalait du sang dans les nuages; et chaque nuit, en rêve, son parricide recommençait.

Il se fit un cilice avec des pointes de fer. Il monta sur les deux genoux toutes les collines ayant une chapelle à leur sommet. Mais l'impitoyable pensée obscurcissait la splendeur des tabernacles, le torturait à travers les macérations de la pénitence.

Il ne se révoltait pas contre Dieu qui lui avait infligé cette action, et pourtant se désespérait de l'avoir pu commettre.

Sa propre personne lui faisait tellement horreur qu'espérant s'en délivrer il l'aventura dans des périls.

Il sauva des paralytiques des incendies, des enfants du fond des gouffres. L'abîme le rejetait, les flammes l'épargnaient.

Le temps n'apaisa pas sa souffrance. Elle devenait intolérable.

Il résolut de mourir.

Et un jour qu'il se trouvait au bord d'une fontaine, comme il se penchait dessus pour juger de la profondeur de l'eau, il vit paraître en face de lui un vieillard tout décharné, à barbe blanche et d'un aspect si lamentable qu'il lui fut impossible de retenir ses pleurs. L'autre, aussi, pleurait.

Sans reconnaître son image, Julien se rappelait confusément une figure ressemblant à celle-là. Il poussa un cri; c'était son père; et il ne pensa plus à se tuer.

Ainsi, portant le poids de son souvenir, il parcourut beaucoup de pays; et il arriva près d'un fleuve dont la traversée était dangereuse, à cause de sa violence et parce qu'il y avait sur les rives une grande étendue de vase. Personne depuis longtemps n'osait plus le passer.

Une vieille barque, enfouie à l'arrière, dressait sa proue dans les roseaux. Julien en l'examinant découvrit une paire d'avirons; et l'idée lui vint d'employer son existence au service des autres.

Il commença par établir sur la berge une manière de chaussée qui permettrait de descendre jusqu'au chenal; et il se brisait les ongles à remuer les pierres énormes, les appuyait contre son ventre pour les transporter, glissait dans la vase, y enfonçait, manqua périr plusieurs fois.

Ensuite, il répara le bateau avec des épaves de navires, et il se fit une cahute avec de la terre glaise et des troncs d'arbres.

Le passage étant connu, les voyageurs se présentèrent. Ils l'appelaient de l'autre bord, en agitant des drapeaux ; Julien bien vite sautait dans sa barque. Elle était très lourde ; et on la surchargait par toutes sortes de bagages et de fardeaux, sans compter les bêtes de somme, qui, ruant de peur, augmentaient l'encombrement. Il ne demandait rien pour sa peine ; quelques-uns lui donnaient des restes de victuailles qu'ils tiraient de leur bissac ou les habits trop usés dont ils ne voulaient plus.

Des brutaux vociféraient des blasphèmes. Julien les reprenait avec douceur ; et ils ripostaient par des injures. Il se contentait de les bénir.

Une petite table, un escabeau, un lit de feuilles mortes et trois coupes d'argile, voilà tout ce qu'était son mobilier. Deux trous dans la muraille servaient de fenêtres. D'un côté, s'étendaient à perte de vue des plaines stériles ayant sur leur surface de pâles étangs, çà et là ; et le grand fleuve, devant lui, roulait ses flots verdâtres. Au printemps, la terre humide avait une odeur de pourriture. Puis, un vent désor-

donné soulevait la poussière en tourbillons.
Elle entrait partout, embourbait l'eau, craquait
sous les gencives. Un peu plus tard, c'étaient des
nuages de moustiques, dont la susurration et
les piqûres ne s'arrêtaient ni jour ni nuit.

Ensuite, survenaient d'a-
troces gelées qui don-
naient aux choses la rigi-
dité de la pierre, et inspi-
raient un besoin fou de

manger de la viande. Des mois s'écoulaient sans que Julien vît personne. Souvent il fermait les yeux, tâchant, par la mémoire, de revenir dans sa jeunesse; et la cour d'un château apparaissait, avec des lévriers sur un perron, des valets dans la salle d'armes, et, sous un berceau de pampres, un adolescent à cheveux blonds entre un veillard couvert de fourrures et une dame à grand hennin; tout à coup, les deux cadavres étaient là. Il se jetait à plat ventre sur son lit, et répétait en pleurant :

« Ah! pauvre père! pauvre mère! pauvre mère! » Et tombait dans un assoupissement où les visions funèbres continuaient.

Une nuit qu'il dormait, il crut entendre quelqu'un l'appeler. Il tendit l'oreille et ne distingua que le mugissement des flots.

Mais la même voix reprit :

« Julien! »

Elle venait de l'autre bord, ce qui lui parut extraordinaire, vu la largeur du fleuve.

Une troisième fois on appela :

« Julien! »

9

66

Et cette voix haute avait l'intonation d'une cloche d'église.

Ayant allumé sa lanterne, il sortit de la cahute.

Un ouragan furieux emplissait la nuit. Les ténèbres étaient profondes, et çà et là déchirées par la blancheur des vagues qui bondissaient.

Après une minute d'hésitation, Julien dénoua l'amarre. L'eau, tout de suite, devint tranquille, la barque glissa dessus et toucha l'autre berge, où un homme attendait.

Il était enveloppé d'une toile en lambeaux, la figure pareille à un masque de plâtre et les deux yeux plus rouges que des charbons. En approchant de lui la lanterne, Julien s'aperçut qu'une lèpre hideuse le recouvrait; cependant, il avait dans son attitude comme une majesté de roi.

Dès qu'il entra dans la barque, elle enfonça prodigieusement, écrasée par son poids; une secousse la remonta; et Julien se mit à ramer.

A chaque coup d'aviron, le ressac des flots

Luc-Olivier Merson inv.   .   Géry-Bichard sc.

A. FERROUD ÉDITEUR

la soulevait par l'avant. L'eau, plus noire que
de l'encre, courait avec furie des deux côtés du
bordage. Elle creusait des abîmes, elle faisait
des montagnes, et la chaloupe sautait dessus,
puis redescendait dans des profondeurs où elle
tournoyait, ballottée par le vent.

Julien penchait son corps, dépliait les bras,
et, s'arc-boutant des pieds, se renversait avec
une torsion de la taille, pour avoir plus de force.
La grêle cinglait ses mains, la pluie coulait
dans son dos, la violence de l'air l'étouffait, il
s'arrêta. Alors le bateau fut emporté à la dérive.
Mais, comprenant qu'il s'agissait d'une chose
considérable, d'un ordre auquel il ne fallait pas
désobéir, il reprit ses avirons; et le claque-
ment des tolets coupait la clameur de la tempête.

La petite lanterne brûlait devant lui. Des
oiseaux, en voletant, la cachaient par intervalles.

Mais toujours il apercevait les prunelles du
Lépreux qui se tenait debout à l'arrière, immobile comme une colonne.

68

Et cela dura longtemps, très longtemps!

Quand ils furent arrivés dans la cahute, Julien ferma la porte; et il le vit siégeant sur l'escabeau.

L'espèce de linceul qui le recouvrait était tombé jusqu'à ses hanches; et ses épaules, sa poitrine, ses bras maigres disparaissaient sous des plaques de pustules écailleuses. Des rides énormes labouraient son front. Tel qu'un squelette, il avait un trou à la place du nez; et ses lèvres bleuâtres dégageaient une haleine épaisse comme un brouillard, et nauséabonde.

« J'ai faim! » dit-il.

Julien lui donna ce qu'il possédait, un vieux quartier de lard et les croûtes d'un pain noir.

Quand il les eut dévorés, la table, l'écuelle et le manche du couteau portaient les mêmes taches que l'on voyait sur son corps.

Ensuite, il dit : « J'ai soif! »

Julien alla chercher sa cruche; et, comme il la prenait, il en sortit un arôme qui dilata

son cœur et ses narines. C'était du vin; quelle trouvaille! mais le Lépreux avança le bras, et d'un trait, vida toute la cruche.

Puis il dit : « J'ai froid ! »

Julien, avec sa chandelle, enflamma un paquet de fougères, au milieu de la cabane

70

Le Lépreux vint s'y chauffer; et, accroupi sur les talons, il tremblait de tous ses membres, s'affaiblissait; ses yeux ne brillaient plus, ses ulcères coulaient, et d'une voix presque éteinte il murmura :

« Ton lit! »

Julien l'aida doucement à s'y traîner, et même étendit sur lui, pour le couvrir, la toile de son bateau.

Le Lépreux gémissait. Les coins de sa bouche découvraient ses dents, un râle accéléré lui secouait la poitrine, et son ventre, à chacune de ses aspirations, se creusait jusqu'aux vertèbres.

Puis il ferma les paupières.

« C'est comme de la glace dans mes os! Viens près de moi! »

Et Julien, écartant la toile, se coucha sur les feuilles mortes, près de lui, côte à côte.

Le Lépreux tourna la tête.

« Déshabille-toi, pour que j'aie la chaleur de ton corps! »

Julien ôta ses vêtements; puis, nu comme

au jour de sa naissance, se replaça dans le lit ;
et il sentait contre sa cuisse la peau du Lépreux,
plus froide qu'un serpent et rude comme une
lime. Il tâchait de l'encourager ; et l'autre répondait, en haletant :

« Ah ! je vais mourir !... Rapproche-toi,
réchauffe-moi ! Pas avec les mains ! non ! toute
ta personne. »

Julien s'étala dessus complètement, bouche
contre bouche, poitrine sur poitrine.

Alors le Lépreux l'étreignit ; et ses yeux tout
à coup prirent une clarté d'étoiles ; ses cheveux s'allongèrent comme les rais du soleil ;
le souffle de ses narines avait la douceur des
roses ; un nuage d'encens s'éleva du foyer, les
flots chantaient. Cependant une abondance
de délices, une joie surhumaine descendait
comme une inondation dans l'âme de Julien
pâmé ; et celui dont les bras le serraient toujours grandissait, grandissait, touchant de sa
tête et de ses pieds les deux murs de la cabane.
Le toit s'envola, le firmament se déployait ; et
Julien monta vers les espaces bleus, face à

face avec Notre-Seigneur Jésus, qui l'empor-
tait dans le ciel.

Et voilà l'histoire de saint Julien l'Hospitalier, telle à peu près qu'on la trouve, sur un
vitrail d'église, dans mon pays.

IMPRIMÉ

PAR

CHAMEROT ET RENOUARD

19, rue des Saints-Pères, 19

PARIS

www.ingramcontent.com/pod-product-compliance
Lightning Source LLC
Chambersburg PA
CBHW050024100426
42739CB00011B/2777